AF224289

PROPHÉTIE.

PROPHÉTIE,

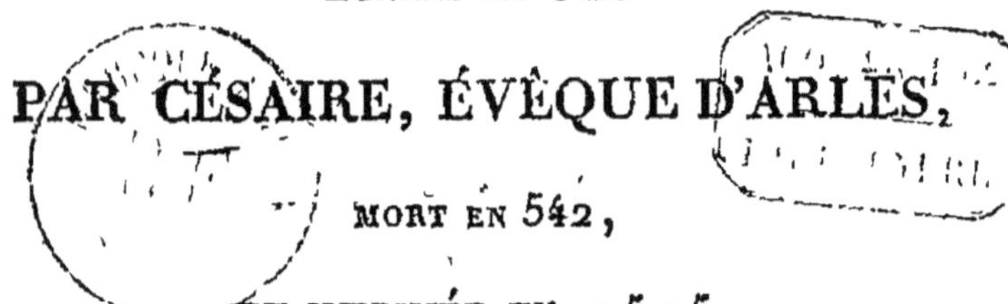

ÉCRITE EN 540

PAR CÉSAIRE, ÉVÊQUE D'ARLES,

MORT EN 542,

ET IMPRIMÉE EN 1525,

Ouvrage déposé à la Bibliothèque royale.

ON TROUVERA DANS CE LIVRE IN-4°. PARCHEMIN, AU CHAPITRE DU ROYAUME DE FRANCE ET DE L'EGLISE, PAGES 55, 56 ET 58, LA PROPHÉTIE LATINE, DONT VOICI LA TRADUCTION.

PARIS,

CHEZ CHAUMEROT, JEUNE, LIBRAIRE,

PALAIS-ROYAL, GALERIE DE BOIS.

1815.

PROPHÉTIE,

Écrite en 540 par CÉSAIRE, évêque d'Arles, mort en 542, et imprimée en 1525.

———

Avant que le monde parvienne à l'année 1510 ou une ou au-delà, l'église universelle s'affligera de la spoliation des églises, de la dévastation et de l'éruption d'une noble cité. Le royaume et l'église de France seront en butte à tout l'univers. L'église sera dépouillée de tous ses biens temporels, et tous ses membres, si puissans qu'ils soient, devront s'estimer heureux en restant à leurs places, si la vie leur est conservée.

Alors toutes les églises seront souillées
et profanées; les femmes consacrées
au Seigneur, fuiront de leurs monas-
tères; la malice des hommes se tournera contre l'église ; personne, pendant
plus de vingt - cinq mois, n'en pourra
suspendre le cours. Il n'y aura ni Roi en
France ni Pape à Rome. Celui qui gou-
vernera toute l'église changera son siége.
Le pasteur et les princes de l'église, ex-
pulsés, fuiront et trouveront à peine un
réfuge où ils puissent seulement se re-
poser avec les leurs, et manger le pain
de douleur dans cette vallée de larmes.
La religion sentira dans un morne silence l'effet de la frayeur qu'inspirera
la fureur d'une colère qui s'abandon-
nera aux plus affreux excès. Alors ceux
qui gouverneront le royaume de France
seront tellement aveugles, qu'ils ne pour-
ront trouver parmi eux des défenseurs:
la colère du Seigneur se tournera contre

eux et contre les plus grands et les plus puissans du royaume ; elle se manifestera contre tous en général et en particulier, et ne cessera parmi les Français, que leur royaume ne soit presqu'entièrement détruit. La terre dans beaucoup de lieux sera nue, les sciences et les mœurs périront dans le royaume de France ; alors les Français, remplis d'orgueil et de fureur, se révolteront contre leur propre souverain ; et presque tous les nobles, en si grand nombre qu'ils soient, seront chassés de leurs dignités et de leurs propriétés, et cruellement massacrés. Beaucoup diront *égal*, *égal*, *égal*; mais il n'y aura point d'*égal*. Le plus grand prince fuira et sera ramené dans son château. Il y aura un honteux carnage, un renversement et un massacre des Roi, ducs et barons, et d'un grand nombre des plus grands et des plus puissans seigneurs. La plus infâme

trahison éclatera par rapport à la cap-
tivité du Roi de France : alors les princes
les plus nobles seront mis en prison.
Par un événement épouvantable le Roi
sera affligé de douleur et de supplice
par les siens.

Le peuple fera des lois de sa propre
volonté, et ensuite l'aigle volera par le
monde, et se soumettra beaucoup de
nations ; mais le royaume de France sera
envahi dans toutes ses parties, et restera
presque détruit. Beaucoup de nations
seront ébranlées par de nouvelles cons-
titutions, mais elles resteront et régne-
ront suivant leurs anciennes. Les nations
voisines de France seront tristement
combattues par l'*Arménie*, la *Germanie*,
la *Phrygie* et la *Décie*. Les Français s'em-
pareront de toutes, ils feront des camps
les mieux fortifiés ; Les villes les plus
puissantes et les plus terribles seront
prises ; elles soutiendront des combats ;

mais bientôt l'état du royaume sera changé par la justice divine ; les villes de France désolées, seront abandonnées, pillées et détruites ; les biens et l'avantage de la république seront totalement mis dans le silence ; la partialité et la singularité seront en vigueur : alors personne ne gardera la foi qu'il aura promise à son voisin, chacun cherchera plutôt à se tromper l'un l'autre ; et il y aura dans tout le royaume une famine très-cruelle. La gloire des Français sera changée parce que le Roi sera humilié et privé de sa couronne. Le peuple la donnera à un autre, auquel elle n'appartiendra pas, mais un jeune captif recouvrera la couronne des lys, et détruira les enfans de Brutus, dans leur île, ensorte qu'il ne sera pas fait mention d'eux.

Alors un Pape, animé par l'esprit de Dieu, reformera l'église et les ecclésias-

tiques à leur ancienne coutume de vivre.
C'est ainsi qu'il n'y aura plus qu'une foi,
et que tous les Français, réunis d'opi-
nion, s'aimeront pendant longues an-
nées.

RÉFLEXIONS.

La prophétie qu'on vient de lire est
certainement de nature à fixer l'atten-
tion du sage, de l'homme d'état et du
monarque même. Ce n'est pas de ces
prédictions conjecturales, puisées dans
des conséquences applicables à tous les
événemens et à tous les peuples : elle
se rapporte entièrement et privative-
ment à la France ; c'est à une distance
de plus de douze siècles et demi de nos
jours qu'elle a été rendue. On ne peut
se dissimuler que, sans rien supposer
de surnaturel dans son auteur, il n'ait
été d'une très-habile et très-grande pé-
nétration, et que si, en suivant pas à

pas toutes les phases de la révolution
Française, déjà les quatre cinquièmes
de cette prophétie se sont exactement
accomplies dans le court espace de
vingt-six ans, on doive craindre que le
reste, qui fait frémir d'horreur, ne se
réalise que trop tôt.

L'état éclatant de prospérité et d'élévation où les arts et les sciences sont
parvenus en France, lui ont attiré,
soit par jalousie, soit par ressentiment,
une masse considérable d'ennemis, que
cette gloire blesse ou importune. Aujourd'hui que le sort de la guerre livre
la France à leur discrétion, ne con-
viendrait-il pas de prévoir, par des
mesures sages, le commencement de la
ruine de cette plus florissante contrée
du monde? Sans doute il n'appartient
qu'à la sagesse divine de tout prévoir;
la sagesse humaine, étant la créature,
elle ne peut jamais prévoir ce qui au-

rait détourné les événemens qu'après leur arrivée ; mais en lisant cette prophétie, il semble qu'elle avertisse des précautions à prendre pour en arrêter les suites funestes.

Dans cette hypothèse, nous allons essayer de concilier tous les intérêts froissés, pour arriver s'il est possible à une fin solide de toute espèce de dissention ; et pour peu que chaque nation et même chaque parti fasse un leger sacrifice au repos général, nous pourrons peut-être éviter à la France les derniers efforts d'un désespoir pour lequel tous les partis cesseraient d'être divisés.

Son état d'envahissement ne pouvant être durable qu'autant que le motif qui a appelé l'étranger dans nos murs ne serait pas entièrement détruit, il conviendrait d'abord de ne pas légitimer la résistance du parti par des actions plus propres à l'aigrir qu'à le ramener ; et personne ne peut plus victorieusement fléchir le ressentiment des étrangers , que le monarque de France , puisque personne n'a plus de droit à leur vénération que lui-même. Dans les temps les plus désastreux de la révolution , on a senti de quelle importance il était pour les intérêts de la patrie de pacifier avec les Vendéens , quoiqu'il eut été facile alors de les vaincre, si l'on en juge par ce qui s'est passé sur nos frontières; mais ils étaient des membres de celte mère - patrie , emportés dans une cause contraire à celle du parti le plus fort : celui-ci n'avait donc point à rougir d'être généreux ; c'est par la modération la plus religieuse qu'on est parvenu à leur faire poser les armes ; le parti qu'il s'agit de pacifier aujourd'hui, est aussi composé de Français, des enfans de la même patrie , dont la valeur est incontestable et le dévouement sans bornes ; leur amour pour la gloire sont des titres sacrés à la reconnaissance nationale : aujourd'hui qu'ils sont dégagés de tous leurs sermens envers le chef qui les commandait , par la propre résolution du chef même , ils ne peuvent long-temps hésiter de se rendre à la voix de la raison ; c'est à la justice du monarque à faire le reste. Sous ses drapeaux , ils conserveront le même courage , courage qui a fait dans tous les temps l'admiration de nos plus grands ennemis. Tous les Français , de quelque parti qu'ils puissent être , sont convaincus être guidés par l'honneur , sentiment d'élévation qui leur tient lieu d'esprit national. Qu'ils se réunissent , ils ne différeront plus en rien ; toutes les nuances de cet honneur national se fondront en une seule ; elle fera la force et la gloire du trône , qu'ils vont jurer de défendre. Tout le monde a fait des fautes, même le gouverne-ment ; les oublier à jamais est le premier pas vers la réconciliation, et c'est cette réconciliation qui peut seule forcer l'étranger à se rendre traitable envers nous.

FIN.